SOUVENIRS

DE

SAINTE MENNE

VIERGE DU DIOCÈSE DE TOUL

PAR M. L'ABBÉ COLY,

Chanoine de la cathédrale de Saint-Dié.

HUMBERT, ÉDITEUR.

PARIS,

Rue Bonaparte, 43, et rue Ste-Marguerite, 30.

MIRECOURT,

Rue de l'Hôtel-de-Ville, 31.

1862

Typ. et Stér. Humbert, Mirecourt.

SOUVENIRS DE SAINTE MENNE.

*Inambulabam... Petræ autem non minus immotæ et inconcussæ
remanebant, quam si nulla vis ipsis admoveretur, nisi quod fluc-
tuum ictibus verberabantur.....*

Je me promenais... dit Saint Grégoire-de-Naziance (aux abords
de la mer dans ses frémissements et j'en voyais les vagues,
tantôt s'élever au loin, tantôt fondre sur les pierres du rivage
et se retirer couvertes d'écume)... Les rochers cependant ne
demeuraient pas moins immobiles et inébranlables, que si nulle
violence absolument ne les atteignit, si ce n'est qu'ils étaient
battus par le mouvement des flots... Et ce spectacle servit à
m'instruire. — N'est-ce pas en effet, me disais-je, une mer que
notre vie présente et les choses humaines? Car ici-bas encore
il y a beaucoup d'amertume et d'instabilité : *Nam hic quoque
multum et amaritudinis et instabilitatis.* — Orat. 26-n 8 et 9.

L'église de Puzieux, au diocèse de St-Dié, vient, par une faveur et bénédiction signalée, de s'ouvrir pour donner séjour, à titre de demeure perpétuelle, aux Reliques de sainte Menne, vierge, depuis de longs siècles honorée sur la terre.

M. Laurent, Maire du lieu, souhaitant de M. l'abbé Coly, chanoine de la Cathédrale, qu'il avait vu prendre part, au nom de Monseigneur l'Evêque, à leur translation dans ce sanctuaire, quelques notions historiques à l'égard de la glorieuse Sainte, que leurs cœurs vénéraient avec suavité, M. l'abbé Coly a répondu à son désir par le document suivant.

SOUVENIRS

DE

SAINTE MENNE.

Ce qui se rencontre d'ordinaire pour les actes des Saints, dont le récit ne se transmet par écrit à la postérité que longtemps après leur bienheureuse mort, et quand la mémoire de leurs œuvres est presqu'effacée de la connaissance des hommes par le cours des siècles, à savoir que, sinon les principaux chefs, au moins divers accessoires, y sont justement révoqués en doute et ne méritent pas une entière croyance, a lieu pareillement pour l'histoire de sainte Menne, où l'on voit briller néanmoins une éclatante lumière ; c'est-à-dire l'élévation des précieuses Reliques de cette vierge sublime ainsi que leur translation dans l'abbaye de Poussay que Ruyr assigne au 15 de mai 1036, par le bienheureux Pape Léon IX.

Brunon, de la Maison de Dasbourg, parent de l'empereur Conrad II, et magnifique ornement de l'Eglise, élevé dans les vertus et les lettres par Bertholde, célèbre évêque de Toul, en occupa le siége en 1026, et fut couronné Souverain Pontife en 1049, sous ce nom vénéré.

Le saint Pape s'envola au ciel, en 1054, et d'insignes miracles opérés à son tombeau donnèrent aux enfants des hommes, depuis son entrée dans la gloire, de ses puissantes nouvelles.

Pendant qu'il vivait à Rome, il avait coutume d'aller du palais de Latran au Vatican, chaque trois jours, nu-pieds, dans le silence de la nuit, en psalmodiant et priant, accompagné seulement de trois clercs. Ayant rencontré quelque temps un pauvre lépreux devant les portes de son palais, il le fit porter en son lit, et le lendemain il ne se retrouva plus : ce qui fit penser que c'était Jésus-Christ.

Ce bienheureux Pape Léon IX ayant tiré de la poussière dont le trépas les avait fait couvrir les Reliques de sainte Menne, le lieu vénérable de son tombeau devient comme doublement consacré, parce qu'il a renfermé le corps de la Vierge et parce qu'il l'a remis aux mains du Pontife, dont l'œil en a vu les ossements plus riches infiniment que l'or, dont la religion sans doute les a respectueusement baisés, dont le cœur a fait brûler devant eux l'encens de sa prière. Lui-même écrivait dans une bulle de la deuxième année de son pontificat suprême : « Lors-
» que dans le commencement de notre ordination, je fus, par
» le don de Dieu, élu évêque des Leucquois (dont la capitale est
» Toul), au même moment, par le zèle de ma sollicitude, il
» m'arriva de connaître que mon vénérable prédécesseur Ber-
» tholde avait commencé de construire, aux frais de la prébende
» pontificale, un monastère au village qui s'appelle Poussay,
» mais enlevé par la mort, n'avait pas du tout avancé l'œuvre
» bonne jusqu'à la consommation ; considérant son intention
» sainte, et désirant acquérir quelque petite portion dans la
» récompense de sa piété, je me suis appliqué à terminer avec
» le secours de Jésus-Christ le travail entrepris, et j'ai réuni
» une assemblée de Religieuses qui serviront Dieu dans cette
» Maison, et j'ai consacré ce lieu à la vénération de la glorieuse
» Vierge, Mère de Dieu, et Marie de la vierge sainte Menne, qui
» dans son corps y repose : *sanctæ Mennæ virginis ibidem corpore*
» *quiescentis.* »

Quoique la vie de sainte Menne soit donc peu sçue de nous, ni néanmoins nous ignorons le détail de ses actions saintes, nous n'ignorons pas son éminente sainteté. C'est comme un soleil éclatant ; lorsqu'un épais nuage interpose son obscurité entre sa vive splendeur et nos regards, il donne encore beaucoup de jour. L'abbaye de Poussay, d'abord monastère puis chapitre, connut sans aucun doute, au début de son existence, d'où venaient les Reliques de sainte Menne, dont elle avait reçu le

trésor, et, dans les derniers siècles, elle témoignait manifestement qu'elle les croyait tirées du sol occupé sur le territoire
de Puzieux par une chapelle de la Sainte, religieux édifice en-
vironné d'un enclos qui touche par son extrémité inférieure à la
prairie nommée de Fontenelle, dont il pouvait comme naturellement faire partie avant que cette chapelle ne le couvrît de son
éclat ; et cette persuasion naturelle, en découlant de la vérité,
demeure autrement inexplicable. « On montre, disait Durival
en 1779, au trésor de l'abbaye de Poussay, le calice de saint
Léon, en or garni de pierreries... le livre des Evangiles qui
servait à saint Léon... le voile de sainte Menne... A demi-lieue
de l'abbaye, près de Puzieux, est la chapelle de sainte Menne.
Les Dames y vont en procession la veille de l'Ascension. » Elles
y portaient les précieuses Reliques, et trouvaient depuis longtemps, sur une sorte de tombe d'honneur encore exposée aux
regards à Puzieux, une inscription témoignant que le corps de
la Sainte avait été levé de ce lieu et mené à Poussay par saint
Léon IX.

Les illustres savants, nommés Bollandistes, publient en latin
une copie, déclarée par un prêtre de Puzieux conforme à un
manuscrit de très-grande vétusté, d'une vie de sainte Menne
qui semble antérieure à la translation de ses vénérables Reliques
à Poussay, car elle n'en parle pas, et dont l'auteur insinue qu'il
a peu de renseignements sur les actions de cette vierge fidèle.
Ainsi paraît-il convenir de prendre comme écrit, en face des
ténèbres d'un temps éloigné qui ne donne pas de contempler
en toute assurance la vérité simple et pure, quelques-uns de ses
récits. « Le saint évêque (de Châlons-sur-Marne, que le père de
» sainte Menne avait prié de baptiser sa fille et de la lever des
» fonts sacrés), dit-il, se réjouit fort de rendre la... (bienheu-
» reuse) sa filleule... Plus tard elle-même dit à ce Pontife : Je
» supplie instamment votre bonté, vu que vous avez déjà posé
» en moi les fondements de l'œuvre bonne, de la conduire jus-
» qu'à la fin, et en couvrant ma tête du voile de perpétuel en-
» gagement (d'épouse) envers l'Agneau (divin) Jésus-Christ, de
» diriger (mes pas) irrévocablement dans le chemin d'une nou-
» velle et sainte vie... Je vais rapporter, ajoute l'auteur, une
» merveille : le voile qu'elle tenait les mains étendues, élevé par
» le ministère des anges, en présence de tous (les assistants),

» fut adapté gracieusement à son chef... Elle sortit de la maison
» de son père, contente d'une unique suivante, et se détermina
» d'aller où la providence de Dieu la dirigerait. Voulant tra-
» verser un courant d'eau... l'abîme était énorme et ôtait toute
» espérance et faculté d'aller au-delà... Elle commença d'une
» démarche suspendue à pénétrer dans les profondeurs du gouf-
» fre, avec le signe de la croix... et aussitôt passa comme par
» un lit de rivière desséché... Mais en traversant le gué de
» même qu'à pieds secs, elle le rendit uni et pierreux. Ce
» même passage depuis ce temps jusqu'aujourd'hui a reçu le
» nom de Gué de Menne, *Mennæ vadum*. Au départ encore de
» ce gué, elle produisit un monument de rafraîchissement per-
» pétuel. Car d'abord qu'elle fut sortie, elle planta en terre le
» bâton qu'elle portait en ses saintes mains, et sur le champ fit
» depuis là bouillonner une limpide fontaine; certes coulant
» continuellement elle apporte aux voyageurs assez de rafraî-
» chissement et d'avantageuse salubrité, parce qu'elle est douce
» au goût et agréable à boire, et qu'on assure qu'elle est souvent
» très-utile aux malheureux infirmes et travaillés de la fièvre,
» *et miseris debilibus et febre laborantibus sœpè perhibetur*
» *perutilis.* »

Le voile de sainte Menne était conservé, sa fontaine existe à
Puzieux, à quelques centaines de pas au-dessous de la Chapelle
de sa sépulture, et se déverse en un ruisseau qu'en remontant
on arrive au lieu encore appelé Guesman ou Gué. Ç'en est
assez pour que les mobiles pensées des hommes aient pu, durant un voyage de long cours, environner le souvenir de sainte
Menne de quelques lueurs seulement peintes et dénuées d'un
solide fondement de lumière. Mais l'auteur de sa vie la continue
par un récit où brille comme un flambeau plus ferme de vérité.

« Ensuite, dit-il, (après ce qu'il vient d'écrire de la fontaine),
» la (bienheureuse) même s'étant avancée de là se rendit avec
» son unique suivante seulement, le Seigneur vraiment à ce que
» nous croyons conduisant sa marche, au lieu qui se nomme
» Puzieux, *Pusinnellas*, où, sous les dispositions de la bonté de
» Dieu qui réglait tout, elle se résolut de demeurer avec per-
» sévérance pendant le temps de ses jours mortels: où d'aucune
» manière il n'est permis à un fidèle de douter que la puissance

» de la Divinité n'ait daigné accorder à sa très-fidèle servante de
» grands bienfaits de prodiges... Assurément elle a brillé vivante
» de grands signes de vertus (ou miracles), elle qui maintenant
» morte est éclatante assiduement de gloire, par les soulagements
» qu'elle procure dans les afflictions et calamités des misérables:
» *Jàm defuncta assiduè gloriosa in miserorum calamitatibus*
» *elucescit.* Mais, comme je le pense, de même qu'à présent ils
» sont à tel point, à cause de leur continuité, moins appréciés,
» pareillement, c'est parce que les grands génies d'écrivains ont
» manqué pour lors, qu'il y a pénurie (de connaissance et de
» récit) de ses actions. Ayant donc consumé dans les œuvres
» bonnes et de saintes occupations le cours de plusieurs années,
» elle est invitée, mûre de mœurs et d'âge, au royaume des
» Cieux. Une incommodité corporelle survenant, elle est déga-
» gée du lien (pénible) de la chair, pour goûter les douceurs du
» repos, dans le sein ravissant d'Abraham ; et son âme heu-
» reuse, ayant soif du Seigneur, accompagnée des chœurs cé-
» lestes, s'envole sur les ailes des vertus au Royaume de Dieu
» où règne Jésus-Christ, perpétuel époux et couronne des
» Vierges. »

Le chanoine Ruyr, dans son livre des *Saintes Antiquités de
la Vôge*, répète, au 17ᵉ siècle, la vie de sainte Menne, d'après
un manuscrit de Poussay. En général, elle présente en français
le même tableau que celle des Bollandistes, avec néanmoins cette
diversité : la bienheureuse « parvint à un lieu, dit-elle, nommé
» Fontenet... Ce territoire, pour sa fertilité, ainsi qu'encore il
» paraît de ce siècle, était habité de laboureurs assez riches....
» Cette vierge donc ayant longuement séjourné audit lieu de
» Fontenet... cessa de vivre entre les mortels... Son corps fut
» mis en sépulture en l'église du lieu avant nommé par sa fidèle
» servante et par les dévots habitants ses voisins, qui l'avouèrent
» pour leur excellente Patronne. Les manuscrits ne rapportent
» non plus l'année que le jour (de sa sainte mort)... Toutefois,
» en l'église de Port-Sas (ou Poussay), on célèbre annuellement
» la fête de sa glorieuse réception au ciel le 3 octobre. »
Mais Ruyr fait apercevoir qu'il ne représente pas simplement
les antiques manuscrits, puisqu'il expose ce qui regarde pour
son temps Fontenelle et Poussay. Puis il est manifestement
croyable et que c'est par Poussay qu'il a désiré s'éclairer, et que

Poussay n'a rien voulu désigner par Fontenet où la Sainte avait eu la sépulture ; que ce qu'il entendait lui-même, à savoir le Fontenet (ou Fontenelle) de Puzieux et la Chapelle de la bienheureuse Menne en cette prairie. Son vénérable sépulcre y était placé dans un lieu de solitude charmante et d'un très-gracieux aspect ; et pour en expliquer la présence en une semblable plaine, écartée de l'habitation des hommes, il sera sans doute indispensable de convenir que la Sainte aura vécu sur le même sol où auront été déposées ses cendres bénies. Le cœur chérit trop les restes des sublimes élus pour les livrer, sans puissante cause, à une terre éloignée, dans l'espèce de désert d'une vaste campagne. De là, sans doute, il convient de reconnaître que sainte Menne vint à Puzieux d'une autre contrée. Qui voudrait lui attribuer d'avoir eu son berceau dans la même prairie qu'orna si magnifiquement son tombeau? Il est de même fort simple d'estimer qu'avant de tout quitter jusqu'à sa patrie, pour se dévouer à Dieu, elle n'était pas demeurée comme étrangère à tout lien monastique, au moins dans la signification d'une vie retirée des bruits du monde et du souci des intérêts temporels, indiquée au-dehors par quelque séparation des usages ordinaires du siècle, pour l'habitation, l'entretien, le vêtement. Et dans les cieux et sur la terre, elle est éclatante de la gloire de la virginité, de cette vie angélique consacrée au Seigneur parmi les hommes et couronnée d'une brillante auréole dans les splendeurs éternelles du royaume de Dieu. « La virginité, dit saint Pierre-Chrysologue, est toujours en alliance de famille avec les Anges.» Saint Ambroise ajoute : « Partout où est une vierge, là est un temple de Dieu. » « Et jamais, reprend saint Jérôme, un vase d'argent ou d'or ne fut si cher à Dieu que le temple d'un corps virginal. »

Mais puisque tant de sublimité revêt de son éclat même le corps d'une vierge, puisqu'il est le temple de Dieu, que n'est pas son cœur exhalant sous les cendres dont ses membres le recouvrent, les ardeurs d'un feu divin dont l'embrase le cœur de Jésus-Christ, son éternel époux ! Et que n'est pas une vierge, quand, par une héroïque fidélité aux invitations de la grâce et de la bénédiction du Seigneur, en s'élançant en Dieu, loin des engagements et du lien des noces, elle brille sous son puissant regard d'une éminente « intégrité d'âme, de cette intégrité

non-seulement exempte , comme parle saint Chrysostôme , des
indignes et vicieuses voluptés, des parures du corps et des autres
superfluités, mais libre aussi des soins de la terre... Comme en
effet, continue le saint Docteur, rien ne peut être plus ignoble
qu'un guerrier qui, rejetant son armure, consume le temps en
un (misérable) cabaret , de même une vierge ne saurait contrac-
ter une ignominie plus grande que de se livrer aux soucis ter-
restres... Car la virginité encore est un bien par cette raison
qu'elle arrache du cœur toute cause de vaine sollicitude , et
amène la créature à consacrer toute son application aux œuvres
divines. » Et dans la souveraine félicité des cieux, dans son im-
mortalité commune à tous les élus , « assurément, déclare saint
Augustin , (les vierges) possèderont quelque grand bien par-des-
sus les autres (enfants) de Dieu... Les joies propres des vierges
de Jésus-Christ ne sont pas de même données aux (bienheureux)
qui ne sont pas vierges , quoique appartenant à Jésus-Christ .
Les différents (saints) ont des joies diverses , nuls autres n'en
ont de pareilles. » Saint Clément de Rome encore s'en exprime
semblablement : « Aux vierges, dit ce pontife, s'attribue un nom
beaucoup plus éclatant que l'honneur qui découle de la qualité
de fils ou de filles , et un lieu plus sublime de demeure leur est
promis... Car le lieu de séjour où ils habiteront n'est pas seulement le Royaume des cieux, commun à tous les élus, mais
c'est avec les saints Anges que sera leur partage , afin que le
genre de vie plus noble et plus excellent dont ils ont fait choix
soit récompensé: *pars ipsorum cum sanctis Angelis est.* »

Mais quelle a été l'excellence particulière de consécration de
la vierge sainte Menne , pour vivre dans la retraite solitaire
de Fontenelle? La lumière qui rejaillit de son sublime dévoû-
ment semble incliner à reconnaître la rigide austérité des
Récluses. Les vigoureux athlètes d'une carrière de sainte réclusion étaient Réclus ou Récluses, des âmes fortes s'enfermant,
après les épreuves et l'autorisation requises, soit près des villages
ou des couvents, soit dans les monastères mêmes, en des cellules
particulières ; pour n'en plus sortir et vaquer en ce sentier de
vie plus étroite à servir Dieu et se sanctifier.

Durant le septième siècle, l'Austrasie , royaume oriental de
la monarchie des Francs , dont la capitale était Metz , et les

contrées tant de cette cité que de celles de Trèves, de Verdun, et de Toul, pouvaient passer pour la propre région, atteignait la Champagne, Reims, Châlons-sur-Marne, même Cahors et Marseille, et s'étendait à Cologne, Mayence et au-delà du Rhin.

Nul autre âge ne fut plus fécond en illustres Evêques, en pieux Moines, en Religieuses ; et même une vive sainteté brilla magnifiquement à la cour. Saint Arnould, depuis solitaire, et son fils saint Clou ; saint Amand, qui baptisa saint Sigisbert, saint Ouën et saint Eloi, qui déterminèrent l'homme de Dieu à répondre au choix fait de lui ; saint Cunibert, évêque de Cologne, qui eut part au gouvernement ; saint Romaric, dont Remiremont porte le nom ; saint Pépin de Lenden, Maire du Palais ou principal ministre ; son épouse, sainte Itte ; ses filles, sainte Gertrude et sainte Begghe ; le roi saint Sigebert ou Sigisbert, et sa belle-sœur la reine sainte Bathilde, sont honorés d'un culte public : outre que saint Dagobert, vénéré dans Stenai, est peut-être le roi Dagobert II, fils de saint Sigisbert et prince dont les bien-heureuses filles Irmine et Adèle, l'une vierge et l'autre veuve, sont reconnues pour saintes ; et le petit-fils de celle-ci, le bien-heureux Grégoire d'Utrech, est lui-même saint.

Aux lumineuses clartés de tant de splendeurs, on ne se croirait pas dans les ténèbres en contemplant le séjour d'une âme héroïque aux pieds des montagnes de Vôge, dans la plaine de Fontenelle ; et les Actes de sainte Menne la dépeignent avec l'accompagnement d'une suivante, ce que réclame naturellement la nécessité d'un secours en-dehors d'une cellule perpétuelle pour l'indigence inévitable de la vie, sans que du reste la distance, fût-elle même de Châlons à Puzieux, offre à sa venue dans Fontenelle aucun obstacle qu'il faille, pour des jours de calme et de paix, trouver infranchissable.

Les monuments historiques de Moyenmoutier nous montrent plus d'une fois, en cette solitude, le sacrifice d'une sainte réclusion. C'est ainsi que suivant ce qu'ils rapportent, le roi Lazare et sa fille Aza, reine elle-même, d'une dignité néanmoins qu'il peut suffire d'entendre d'une haute élévation de ce monde, obtinrent, au commencement du neuvième siècle, d'y vivre en réclus chacun dans sa cellule, près d'une église, où ils moururent et où la sépulture leur fut donnée : *sepulti sunt autem in propriis cellulis.* Les restes de la reine ensuite réunis à ceux du roi, furent encore, par la crainte des Hongrois qui se répandaient en ennemis sur les Gaules, ou la France, cachés dans une arcade n'offrant au dehors que l'aspect d'une muraille, et par la succession des âges à la longue oubliés. En 1012, Helwide, mère de saint Léon IX, se réfugiant contre des tumultes de guerre à Moyenmoutier, sut lire sur la tombe d'Aza, entre autre écriture, ce mot : Aza, la bonne Reine, *Aza, bona Regina* ; et plusieurs visions et merveilles, une psalmodie entendue au lieu de la première sépulture d'Aza, une clarté au dehors, comme de plusieurs luminaires en feu, conduisirent à les découvrir en 1014 ; et « à cette nouveauté (d'événement), déclare le livre appelé *Des successeurs de saint Hidulphe,* ils calmèrent beaucoup de fois les fièvres, la migraine et les accès de diverses infirmités. »

Les Reliques de sainte Menne, placées en vénération sur les autels, au Monastère de Poussay, demeurèrent comme un éminent trésor à l'Abbaye jusqu'à sa ruine par les orages révolutionnaires du dix-huitième siècle ; et les ossements desséchés de la Sainte, alors même, surnagèrent au débordement du gouffre hideux qui voulait tout engloutir. Malgré l'agitation de ces tempêtes, elles furent notablement sauvées du naufrage, et une châsse brillante, renfermant d'insignes portions de ces saintes Reliques, d'autorité épiscopale duement déclarées authentiques et scellées, et par où la Vierge triomphante est représentée sur la terre, quoique son chef vénérable et d'autres parties de ses précieux ossements en demeurent séparés, a ramené la Bienheureuse Menne, après un voyage de huit siècles et plus, parmi son peuple, au juste applaudissement, à la vive allégresse des cœurs. « Il n'existe personne qui ne semble avoir, disait le pape Pie II en canonisant sainte Catherine, surnommée de Sienne du nom de la ville dont lui-même était originaire, une disposition désireuse de célébrer les œuvres excellentes et les hommes illustres en vertu, et dans toute nation, et dans toute contrée de l'univers, (mais encore) plus volontiers néanmoins, et avec un charme plus grand, dans sa patrie et dans son peuple. Et puisque vraiment nous aurions avec une extrême joie vu les qualités sublimes de la bienheureuse Catherine, son noble génie, l'excellence surhumaine de son cœur, sa très-sainte volonté, dans quelque société d'hommes que ce fût, (nous les voyons) cependant avec plus d'allégresse dans la ville de Sienne, où nous avons pris naissance. Car nous nous assurons de participer à ses mérites beaucoup plus abondamment et plus particulièrement que si cette vierge fût née dans l'Afrique, en Scythie ou dans l'Inde. Il ne saurait se faire que la proximité d'alliance avec les saints n'eût pas quelque prérogative : *quin sanctorum propinquitas aliquid habeat prerogativæ.*»

Le 6 novembre 1861, les vénérables Reliques de sainte Menne, arrivées de la veille à Juvaincourt, où elles ont été durant toute la nuit honorées à l'église par le zèle de la piété, et le matin, quoique la journée fut entièrement de pluie, entourées d'une procession religieuse et continuelle, sanctifiées par des prières et des chants, jusqu'au lieu de leur antique sépulture, sont de là venues en pompe triomphale au Sanctuaire où leur était préparé le séjour de leur repos, suivant ce que peut dire la terre, dès maintenant jusqu'à jamais.

Jésus-Christ, souverain sanctificateur, qui ne veut pas qu'il périsse un cheveu de la tête de ses élus, qui les introduira tous aux cieux, dans les joies de leur Seigneur, donnant pour la seconde fois ici-bas comme une vie nouvelle à sa sublime servante, après le monastère de Poussay, dans l'église de Puzieux, la fait entrer encore au monde où nous sommes en communication de sa gloire, la laissant invoquée dans son temple, agréant qu'elle soit vénérée devant ses autels, la rendant un rayonnant soleil de douceur et de grâce. « Et quoique les habitants du ciel, déclare le pape Clément XIII, procurent dans tous les lieux de la terre du secours à leurs clients, c'est là cependant où ils sont encore résidants par le corps, c'est-à-dire par quelque portion d'eux-mêmes, qu'ils ont coutume d'en fournir et plus abondamment et plus fréquemment : *ibi tamen et uberiùs id et frequentiùs præstare solent.*»

Le bienheureux pape Léon IX, ô vierge sainte Menne, vous a donnée pour protectrice aux vierges du monastère enrichi de vos Reliques, devant leur Epoux, le divin Rédempteur, et devant la grande Médiatrice de grâce du genre humain, la

Vierge des Vierges, Reine du ciel et Mère de Dieu, obtenez du
cœur de ce grand Roi, par le cœur de cette Vierge puissante,
à vos clients et à votre peuple l'innocence et la paix, la misé-
ricorde et le salut, et la fidélité constante, et le zèle de la charité,
l'amitié divine et la religieuse ferveur, jusqu'au dernier soupir
et par là pour l'éternité.

FIN,

Typ. et Stér. Humbert, Mirecourt.